First Printing, 2017
Blue Heron Books

Guest

Guest

Guest

Guest

Guest

Guest

Guest

Guest

Guest

Guest

Guest

Guest

Guest

Guest

Guest

Guest

Guest

Guest

Guest

Guest

Guest

Guest

Guest

Guest

Guest

Guest

Guest

Guest

Guest

Gift

Guest

Gift

| Guest | Gift |
| --- | --- |
| | |
| | |
| | |
| | |
| | |
| | |
| | |
| | |
| | |
| | |
| | |
| | |

Guest

Gift

Guest

Gift

| Guest | Gift |
| --- | --- |
| | |
| | |
| | |
| | |
| | |
| | |
| | |
| | |
| | |
| | |
| | |
| | |

Guest

Gift

Guest

Gift

Guest

Gift

Guest

Gift

Guest

Gift

Guest

Gift

Guest

Gift

## Highlights and Memorable Moments

# Highlights and Memorable Moments

## Highlights and Memorable Moments

## Highlights and Memorable Moments

# Highlights and Memorable Moments

## Highlights and Memorable Moments

## Highlights and Memorable Moments

# Highlights and Memorable Moments

## Highlights and Memorable Moments

## Highlights and Memorable Moments

## Highlights and Memorable Moments

## Highlights and Memorable Moments

Made in the USA
Middletown, DE
28 February 2019